DOCUMENTS

POUR SERVIR A L'HISTOIRE

DU

CHATEAU D'HARDELOT

ET DES CHATEAUX CIRCONVOISINS

RECUEILLIS ET MIS EN ORDRE

PAR

CAMILLE LE ROY

Imprimeur.

Ardelo, castrum insigne.
Malbrancq.

BOULOGNE-SUR-MER.

Imprimerie de BERGER aîné & C. LE ROY,

54, GRANDE RUE.

1859

DOCUMENTS

POUR SERVIR A L'HISTOIRE

DU

CHATEAU D'HARDELOT

ET DES CHATEAUX CIRCONVOISINS.

PREMIÈRE PARTIE.

CHATEAU D'HARDELOT.

CHAPITRE Ier.

Construction du château ; son ancienneté.

Entre Boulogne et Etaples, au sud d'un hameau de la commune de Condette nommé le Choquel, et dans un cadre des plus pittoresques, formé par la forêt d'Hardelot, les dunes de Condette, celles de Neufchâtel et l'étang de la Claire-Eau, se voient les ruines d'une vieille forteresse. Ces restes sont toujours pour le voyageur un sujet de curiosité : pendant le camp de Boulogne, plusieurs officiers en ont levé le plan, et le maréchal Baraguey-d'Hilliers lui-même a plus d'une fois arrêté son cheval pour les contempler. Il pensait, sans doute, le futur vainqueur de Bomarsund, que ce château, par sa position, avait dû jouer un rôle important dans l'histoire du Boulonnais. Il ne se trompait pas, car un grand nombre d'auteurs ont mentionné Hardelot.

Nous n'essaierons pas d'en faire l'histoire, cette entreprise serait au-dessus de nos forces : nous nous bornerons à réunir ce qui a été écrit à ce sujet et à y joindre quelques documents inédits que nous avons trouvés dans les archives communales et dans les bibliothèques. Le lecteur nous permettra d'y ajouter de temps en temps une réflexion.

Etymologie.

HARDELOT vient des mots teutons ou saxons, *hard*, dur, fort, puissant, et *loh*, lieu, ou *lot*, lot. (1)

L'étymologie du *Bec*, ruisseau qui sort de la Claire-Eau, a aussi son importance historique. Suivant Depping (2), *bec* peut venir également du mot scandinave et saxon *beke*, qui dans ces deux langues signifie *ruisseau* : cet auteur le prouve surabondamment par les exemples qu'il donne à l'appui de son assertion.

Nous verrons plus tard que Condette a aussi une étymologie saxonne.

Construction du château par Philippe Hurepel.

Selon Yperius et Oudegherst, auteurs flamands, Hardelot fut bâti par Philippe Hurepel, comte de Boulogne. Yperius (3), voulant faire le panégyrique de ce prince et rapporter les faits importants par lesquels il s'était signalé, dit : « *Ipse ædificavit castrum » Boloniæ, Calesii, Ardello et alia quædam.* » — Oudegherst s'exprime en ces termes (4) : « Il fit » semblablement faire les chasteaux de Boulongne,

(1) *Dictionnaire de la langue celtique*, par Q. Bullet, pp. 7 et 91.

(2) Depping, *Histoire des expéditions maritimes des Normands* ; tom. II, p. 340.

(3) *Johannis Yperii annales metenses*, cap. 47, pars 3.

(4) Oudegherst, *Annales de Flandre*, tom. II, p. 105.

» d'Ardeloo et plusieurs aultres audict quartier. »— D. Ducrocq (1) se sert à peu près des mêmes expressions.—Sueyro, auteur espagnol (2), dit de son côté : « *Este alcancō la villa de Cales, en que mandō* » *hazer el Castillo, labrādo juntamente las forta-* » *lezas de Bolonā y Ardeloo.* »—Enfin Malbrancq (3) termine ainsi cette série d'historiens : « *Pronus* » *enim illi ad bella et structuras genius, ut Ædifi-* » *catoris nomen valeat promereti. Imprimis, ut* » *conjugi gratаretur, in ejus territorio, loco, cui* » *olim Condehever nomen, quà è S. Ferioci monte* » *Bononiam iter est, ad fluviolum in mare brevi* » *fluxu labentem, struxit castrum insigne* Ardelo » *dictum.* »

Il paraît cependant que Philippe n'est pas le véritable fondateur d'Hardelot ; car Dom Ducrocq (4) nous dit que ce prince « se distingua surtout par le » grand nombre de chasteaux qu'il fit *réparer* ou » construire, » et ailleurs (5), « que la pluspart des » ouvrages que construisit Philippe ne furent que » de simples *réparations* ; d'autant qu'entre tous ces » chasteaux il y a une si grande différence pour l'an- » tiquité, que plusieurs *subsistoient depuis long-*

Philippe considéré comme restaurateur du château.

(1) D. Ducrocq, *Rech. hist. sur le pays des Morins*, pp. 606 et 409.

(2) *Anales de Flandes, por Emanuel Sueyro ; libr. oct.*, *t.* 1, *p.* 270. « *Il acquit la ville de Calais, en laquelle il fit construire le château,* » *travaillant en même temps aux forteresses de Boulogne et d'Ardeloo.* »

(3) Malbrancq, *De Morinis*, t. III, cap. XXX, p. 458.

(4) P. 606.

(5) P. 409.

» *temps avant* l'arrivée de ce Philippe-le-Velu dans » le pays Boulonnais. »

Le P. Lequien [1] dit positivement : » que Philippe » *rétablit* l'ancien château d'Hardelot. » qui subsistait depuis longtemps, « et que ce château avoit » été bâti pour réprimer les ravages des Normands, » qui venoient assez souvent débarquer du côté » d'Etaples, pour ravager ce pays. »

« Il est probable, » dit Bertrand [2], « qu'une » forteresse existait dans cet endroit pour protéger » la côte, qui est assez plate, et empêcher les barba- » res de s'introduire dans l'intérieur du pays en re- » montant la rivière, et que le château d'Hardelot » a été bâti sur ses ruines. » (3)

Epoque de cette restauration.

A quelle époque faut-il faire remonter la construction d'Hardelot ? Abot de Bazinghen [4] en fixe la date à 1228. D. Ducrocq [5] opine pour 1230 ou 1232. Bertrand [6] se range de l'avis de D. Ducrocq. Un

---

(1) Lequien, p. 146. — Le P. Lequien dit ailleurs (p. 55.) : « Ces incursions des barbares furent extraordinaires dans quelques parties du Boulonnois, mais surtout sur les bords de la rivière de Canche. »

(2) Bertrand, t. II, p. 47.

(3) On nous a fait remarquer à l'extérieur et au sud du château une brèche d'une certaine profondeur, derrière laquelle se voit une muraille juxtaposée. Ce second mur a-t-il été élevé en même temps que l'autre ou appartient-il à la constructiou primitive ? Aux archéologues le soin de décider cette question.

(4) Abot de Bazinghen dit *le Monétaire* ; manuscrit appartenant à son petit-fils, M. Abot de Bazinghen. — Nous devons ici nos remerciments à cet ami des études historiques pour la facile entrée qu'il nous a accordée dans sa bibliothèque.

(5) D. Ducrocq, p. 409.

(6) Bertrand, tom. II, p. 47.

autre historien, que cite ce dernier, dit [1] : « Ce » fut lui qui fit fortifier, vers l'an 1228, 29, 30, 31 » et 32, toutes les places du Boulonnais. » Cet auteur explique ainsi de la manière la plus satisfaisante la divergence d'opinion sur ce point : en effet, ce n'est pas en un an qu'on construit un château, surtout quand on en entreprend une vingtaine à la fois [2].

Motif de cette restauration.

Nous venons de voir que, d'après Bertrand et le P. Lequien, Hardelot a été bâti pour empêcher les incursions des Normands, qui venaient assez souvent ravager ce pays. Abot de Bazinghen [3] dit aussi que ce château fut construit « pour servir, après celui » d'Étaples, d'un nouveau boulevart pour la défense » de la côte. »

Luto [4] pense qu'il « a esté cy-devant basti pour » empescher les descentes des Anglois à la platte- » coste » : ce qui est à peu près la même idée.

Des historiens cependant donnent à ce grand travail un autre motif.

Malbrancq donne pour raison que Philippe avait en vue de plaire à la comtesse son épouse : « *ut con-* » *jugi grataretur* [5]. » Quelque respect que nous ayons pour l'historien des Morins, nous ne pouvons

---

(1) D. Ducrocq, p. 409.

(2) Sueyro, auteur espagnol, fait remonter la construction du château à 1216, et Oudegherst, à 1218 ; mais il y a évidemment erreur, puisque Philippe ne prit possession du comté de Boulogne qu'en 1223. (Sueyro ; tom. I, p. 270.—Oudegherst, tom. II, p. 105.)

(3) Abot de Bazinghen, manuscrit cité.

(4) *Mémoires historiques de l'an* 1658, p. 73.

(5) Malbrancq ; t. III, cap. XXX, p. 458.

croire que « ce Philippe-le-Velu, (1)» comme l'appelle Dom Ducrocq, ait poussé si loin la complaisance ; car enfin nous ne devons pas oublier que le comte fit bâtir ou restaurer en même temps une vingtaine de ces châteaux.

Dubuisson envisage cette question sous un jour tout politique. Il présente la construction d'Hardelot comme une garantie de Philippe contre le pouvoir royal. C'était, pour nous servir de ses propres expressions (2), « afin de n'avoir plus le déplaisir de » voir ravager ce pays, s'il lui arrivait dans la suite » de se brouiller avec la Cour. » Cette raison, meilleure il est vrai, ne doit pas non plus être acceptée ; car il est difficile d'admettre que Philippe, l'oncle de saint Louis, ait reçu de la reine Blanche « 3,000 livres argent de Tournay, qu'elle assigna » à prendre chaque année sur le trésor de N.-D. de » Paris (3), » et qu'il se soit servi de ces dons pour fourbir des armes contre celle qui les lui faisait.

Mais hâtons-nous de faire remarquer que ces deux auteurs ont trouvé eux-mêmes que les raisons données par eux n'avaient aucune valeur. En effet, Dubuisson ajoute : « Il le construisit pour servir après celui » d'Estappes (Étaples) d'un nouveau boulevart pour » la défense de la coste (4), » — et Malbrancq (5) dit,

---

(1) Philippe est appelé Rude-Peau dans l'*Art de vérifier les dates*

(2) Dubuisson, *Antiquités du Boulonnais*, mss., liv. III, p. 515.

(3) Id., même page.

(4) Ibid., p. 527. Il est à remarquer que Abot de Bazinghen se sert des mêmes expressions.

(5) Malbrancq, tom. III, cap. XXX, p. 458.

en véritable historien : « *Struxit castrum insigne* » Ardelo *dictum, ad hòstium, qui è Quantavico* » *portu forsan excenderint, incursationes retundendas priùs quàm in ipsam Bononiam irrumperint.* »

Disons donc, avec tous ces auteurs : Hardelot fut bâti pour opposer une digue au flot envahisseur des Normands.

Les historiens font ainsi la description du château : Description du château.

Dom Ducrocq [1] :— « Philippe fit fortifier Calais et » lui fit faire une ceinture de murailles ; il en fit » autant à Boulogne, Witsan, Ambleteuse, Hardelot..... »

Bertrand [2] : — « Ce château était de forme » ronde, dans les mêmes proportions que celui de » Boulogne, garni de ponts-levis, de tours, et environné d'un large fossé. »

Abot de Bazinghen [3] : — « Cette forteresse, qui » était toute ronde, selon le goût et les fortifications du temps, était fermée de ponts-levis, défendue » de bonnes tours et entourée de toutes parts d'un » large fossé, dont les eaux vont se rendre dans la » mer sous le nom de ruisseau d'Elbèque. [4] »

Dubuisson [5] : — « Cet ouvrage fut fait à peu près

---

(1) D. Ducrocq, p. 606.

(2) Bertrand, tom. II, p. 47.

(3) Abot de Bazinghen ; manuscrit cité.

(4) Dans le pays, au lieu de dire : « ruisseau du Bec, » on dit : « *rieu* d'el Bec. » Ce petit cours d'eau n'est connu que sous ce nom.

(5) Dubuisson, p. 527.

» sur le dessin de celuy de Boulogne, avec pont-levis
» à l'entrée vers cette ville et plusieurs tourelles
» sur les murs, une cour ou place d'armes au milieu,
» des logements pour la gendarmerie, des écuries
» et magasins sous vouste, des plates-formes sur le
» haut et de bons et larges fossés au-dehors, mais
» non revestus, où rouloient à fleur de terre les
» eaux du marais, qui le défendoit puissamment de-
» puis le levant jusqu'au midy et du midy au cou-
» chant. »

Dans un vieux plan qui nous a été communiqué, et qui appartient aux archives de Condette, l'on voit deux grands corps de bâtiments placés dans l'intérieur du château et contre les murs d'enceinte, l'un au nord et l'autre au sud. La partie nord de ces bâtiments existe encore aujourd'hui.

Une pièce authentique fait aussi mention d'une chapelle. La tradition la place dans la partie sud ; mais aucun vestige ne vient à l'appui de cette croyance. (Voir les Pièces Justificatives, n° 1.)

Nous devons aussi mentionner les souterrains, qui subsistent encore et règnent sous tout le pourtour du château, sur une largeur de quatre mètres. Une partie a été comblée de terre ; mais Sir John Hare, le propriétaire actuel, la fait dégager [1].

Enfin, nous terminerons cette description en

---

(1) C'est un dire général dans le pays qu'une voie souterraine fait communiquer Hardelot avec le fort de la Violette, situé à 4 ou 5 kilom. de là. L'existence de ce souterrain nous paraît bien difficile à admettre. Nous donnerons plus tard la raison sur laquelle ce doute est fondé.

disant que le château était construit en pierres dont on ne trouve pas de semblables dans les environs. Tout porte à croire que ces matériaux proviennent du village d'Équihen, situé à quatre ou cinq kilomètres de là.

Etat des lieux.

L'on se méprendrait fort si l'on jugeait de l'état des lieux qui avoisinaient le château du temps de Philippe, par ce qu'ils sont maintenant. En effet, les sables n'étaient pas aussi avancés, et ce ne fut que plus tard que, poussés par les vents, ils atteignirent le sommet des premiers arbres de la forêt d'Hardelot [1].

Comme nous venons de le voir dans Dubuisson, le marais s'étendait jusqu'à l'est, au sud et à l'ouest du château ; nous avons pu, par un vieux plan qui appartient aux archives de Condette, nous assurer de l'exactitude de cette assertion et nous convaincre que la Claire-Eau [2], qui sur ce plan est parfaitement distincte du reste du marais, n'en forme en étendue que la dixième partie. Les eaux du marais venaient battre les murailles du château, c'est-à-dire qu'elles étaient bien plus hautes qu'aujour-

(1) Henry, p. 192. — Bertrand ; t. II, p. 19.

(2) Du Wicquet, p. 82, à propos de la Claire-Eau, rapporte ce fait qui lui a été raconté comme non apocryphe : « Vers le milieu du » dix-huitième siècle, un chasseur y blessa un cygne qui tomba avec » un autre cygne auquel il était attaché par le cou avec une chaîne » d'argent »

Il y a dans les terres du marais une partie de terrain qu'on appelle l'Ile d'Amour. Cette île est effectivement tracée dans le plan dont nous avons parlé plus haut.

d'hui. Des hommes qui ne sont pas encore très-âgés ont été les témoins de la retraite progressive de ces eaux, par suite des travaux de dessèchement qui ont été faits : un d'eux même nous a assuré que, dans sa jeunesse, il avait été en bateau de l'étang au moulin.

Par tous ces détails, on jugera de l'immense étendue d'eau qui avoisinait la forteresse.

La côte elle-même a éprouvé des changements considérables. Blaeuw, dans son grand atlas (1), nous montre, à l'embouchure du Bec, une baie de deux kilomètres de large et s'avançant d'un kilomètre environ dans les terres. Mais ce document ne subsisterait pas, qu'une foule de preuves viendraient à l'appui de l'ancienne existence de ce port.

En effet, nous lisons dans du Wicquet (2) : « L'étymologie du mot Condette porte à croire que » la mer y baignait anciennement des terrains cou- » verts aujourd'hui par les sables. *Condette*, en » celtique, signifie *embouchure*. »

Henry a dit : (3) « Condette, *embouchure*, de *Cond*,

---

(1) Blaeuw, *Theatrum mundi*; — 7me vol., p. 251. *Comté de Boulogne et de Guînes.*

Voir aussi :

Les plans et profils de toutes les principales villes et lieux considerables de France, par Tassin ; 1634. — *Gouvernement d'Estaples*, — *Gouvernement de Boulongne.*

Dessin établi pour les opérations militaires de Henry VIII, au Muséum Britannique, manusc. cotonians ; Augustus I, vol. II, art. 75.— Hardloo.

(2) Du Wicquet ; manuscrit cité, p. 82.

(3) Henry ; *Essai sur l'arrondissement communal de Boulogne-sur-mer*, p. 120.

» exprimant la même chose. Cette étymologie prouve » que la mer baignait anciennement les terrains cou- » verts par les sables. »

M. Harbaville, de son côté, a écrit dans son *Mémorial historique* (1) : « *Condette.* La situation » de ce village vers la source (2) du *rieu* de la Becque, » qui débouche dans la mer à peu de distance, jus- » tifie le nom de Condehever (*ruisseau du hâvre*) » qu'il portait en 854 (3). »

Enfin, un célèbre géographe, né à Abbeville en 1600, Nicolas Sanson, a écrit une dissertation sur le *Portus Itius*, dans laquelle il dit (4) : « Le port

---

(1) *Mémorial hist. et archéolog. du Pas-de-Calais*, tom. II, p. 97.

(2) Bertrand, s'en rapportant à l'Atlas de Blaeuw, nous montre les ruisseaux du Bec et d'Hesdigneul comme les restes d'un second bras de la Liane. La simple connaissance des lieux, la différence énorme de niveau entre la Liane et Condette, suffit pour se convaincre de l'erreur de Blaeuw. Les expressions, du reste, dont se sert Malbrancq pour désigner le ruisseau du Bec (*Fluviolum in mare brevi fluxu labentem*) viennent clairement la démontrer.

(3) M. l'abbé Van Drival, dans son *Légendaire de la Morinie*, fait venir le nom de Condette de saint Condète, ou Condède, qui évangélisa ce pays vers la moitié du VIIe siècle. Ce savant auteur semble perdre de vue que le nom primitif de Condette était *Condehever*.

Condehever, nous objectera t-on, n'est que la traduction de Condette : cette opinion est erronée ; car *Condehever* n'est pas une traduction latine ; le mot *Condëttum*, ou *Condatum*, eut été bien plus naturel.

Et, pour qu'aucun doute ne se présente dans l'esprit du lecteur sur l'emplacement de *Condehever*, nous citerons ces mots de Malbrancq : *Condehever*, *nunc Ardelo*. (T. I, p. 594.)

Enfin, si le village avait tiré son nom du saint, il s'appellerait *St.-Condette* et non *Condette*.

(4) *Le Portus Icius desmontré à Boulogne*, par Nicolas Sanson, géographe du Roy.

» supérieur ou ultérieur étoit à Ambleteuse, et le » port citérieur sous Hardelot, et non aultrement. » Il est vrai que Henry combat cette assertion, mais par des considérations tout-à-fait étrangères à la baie, dont il ne nie pas l'existence. Il n'entre pas dans notre cadre d'examiner ici l'opinion émise par Sanson ; cette question serait d'ailleurs trop délicate pour nous : il nous importe seulement de constater qu'à l'embouchure du Bec était autrefois un port.

Importance d'Hardelot.

Hardelot donc, car il temps d'en finir avec cette froide description de lieux, Hardelot fut, depuis sa construction jusqu'à Vauban, d'une importance très-grande.

D'abord, considéré comme point stratégique, il était pour les barbares une barrière infranchissable : il les empêchait de s'introduire dans la baie et de là dans l'intérieur du pays (1). Tout le monde sait, en effet, que les galères des Normands, par leur faible tirant d'eau, leur permettaient de pénétrer dans les moindres baies (2) ; et c'est sans doute pour cela qu'une charte datée de 1318 et déposée aux archives de Condette, nous apprend que les habitants faisaient « le guet le long des digues et rivage de la » mer, à costé dudict chasteau de Hardellot, prin- » cipalement en temps de guerre. » (Voir les Pièces » Justificatives, n° 2.)

---

(1) Bertrand, tom. II, p. 47.

(2) Depping ; *Histoire des expéditions maritimes des Normands*, t. II.

De plus, ce château défendait le chemin de Montreuil à Boulogne (1), et coupait ainsi passage à l'ennemi. Nous verrons plus tard combien les Anglais comprirent l'importance de ce dernier obstacle.

Ensuite, sa position sur un marais était très-favorable, et les hauteurs environnantes, telles que les monts de St.-Etienne, du Chemin et de St.-Frieux, ne lui causaient aucun ombrage à l'époque de sa fondation, attendu que ce ne fut que longtemps après qu'on fit usage du canon.

Tout indiquait donc en cet endroit la construction d'une forteresse : le premier édificateur de ce château et Philippe le sentirent, et en élevèrent une d'une très-grande force.

Il fallait, en effet, qu'Hardelot fût une place bien importante pour que tous les chroniqueurs français, flamands, espagnols, l'aient nommé après Boulogne et Calais. — Et quelles épithètes lui donnent-ils ? « *Castrum insigne* (2), château très-important, très-» fort (3). » — Du Wicquet parle aussi de cette force : « Des restes de bâtiments délabrés, dit-il (4), ainsi,

---

(1) La route de Paris à Boulogne passait alors à Neufchâtel dans la rue du *Chemin*, au pied du mont du *Chemin*, gagnait la forêt, puis traversait le marais du Choquel en laissant Hardelot à l'ouest. Cette route, qui n'a été abandonnée qu'après la construction de la nouvelle (il y a cent trente ans environ), faisait partie de la 7e branche de la voie militaire. (Du Wicquet, *Tableau historique du canton de Samer*, mss. bibl. comm., p. 81 ; — *Introduction à l'histoire générale de Picardie*, par Dom Grenier, p. 494.)

(2) Malbrancq, tom. III, cap. XXX, p. 458.

(3) Luto, *Mémoires historiques de l'an 1658*, mss. bibl. comm., p. 73.

(4) Du Wicquet, p. 81.

» que des vestiges de murs d'enceinte, font présumer » que ce château était très-important à l'époque où » il fut construit. » Comme nous l'avons déjà vu (1), il y avait « de bons et larges fossés au dehors, mais » non revestus, où rouloient à fleur de terre les » eaux du marais, qui le défendoit puissamment » depuis le levant jusqu'au midy et du midy au couchant. » Ce marais et ces fossés devaient être, en effet, d'une puissance redoutable ; aussi, un officier du génie en retraite, n'a-t-il pas hésité à nous dire qu'Hardelot était plus fort que le château de Boulogne à cette époque, et qu'il ne pouvait être pris que par la famine.

Et si Hardelot ne veut pas dire *lieu fort*, *lieu dur* à prendre, il mérite cette étymologie.

Charlemagne édificateur du château.

Nous sommes arrivés à la partie la plus délicate de ce travail, celle qui a pour objet de connaître le nom du véritable fondateur d'Hardelot, et par conséquent l'âge de la forteresse. Nous réclamons ici l'attention et l'indulgence du lecteur.

Tous les auteurs qui se sont occupés d'Hardelot ont été d'accord pour reconnaître que ce château avait été construit pour arrêter les invasions des Normands.

Tous aussi déclarent que ce château, restauré, mais non bâti, par Philippe Hurepel, existait *bien avant* 1228. Nous verrons dans un instant, d'ailleurs, que des événements s'y sont passés en 1203, en 1194, et dans une période de temps comprise

(1) Dubuisson, liv. III, ch. IV, p. 327.

entre 890 et 916. Quel est donc le souverain ou le prince à qui l'on en doit la construction primitive ?

Nous lisons dans Henry :

« Il est assez probable que l'ancienne petite ville » de Desvres, aujourd'hui le bourg de ce nom, date » de l'année 861, époque de la construction de » toutes les forteresses du pays Boulonnais. Bau- » douin Bras-de-Fer, au second livre de ses Anna- » les [1], cite une ordonnance de ce temps, qui » enjoignait de construire dans tout ce pays des » châteaux, même dans les villages, pour se dé- » fendre contre les insultes des barbares. Ce qui » fut promptement exécuté. *Munitiones etiam in* » *pagis facere cœpiunt*. Ces châteaux furent détruits » vers l'an 1205 par Philippe-Auguste, à cause de » la trahison du comte Renaud, et vers 1229 par » Ferrand ou Ferdinand, comte de Flandres, puis » rétablis en 1231 par Philippe Hurepel [2]. »

Ainsi, d'après Henry, Hardelot aurait été bâti sous le règne de Charles-le-Chauve, l'année même où Paris fut pillé par les Normands ; par conséquent, cette forteresse compterait près de dix siècles. Mais d'autres documents, tout aussi respectables que ces derniers, nous permettent de croire qu'il faut remonter encore plus haut pour trouver le fondateur d'Hardelot.

Nous voyons, en effet, dans le même historien,

---

(1) Baudouin Bras-de-Fer était gouverneur de la Morinie en 838 ; mais nous ne sachons qu'il ait écrit d'annales : c'est probablement une erreur de rédaction, et l'auteur qu'a en vue Henry est sans doute Oudegherst, écrivain flamand, qui publia les *Annales de Flandre*.

(2) Henry, p. 117.

qui paraît avoir puisé dans Éginhard, dans Duchem, dans Mabillon et dans les *Annales de Metz*, que Charlemagne, voulant mettre un terme aux invasions des barbares du nord, est venu plusieurs fois à Boulogne.

« En 810, » dit l'auteur boulonnais dans son résumé (1) : Charlemagne vient à Boulogne pour mettre » la côte en état de défense et pour activer les tra- » vaux ordonnés pour résister aux barbares du » nord. »

« 811. — Charlemagne se rend de nouveau à Bou- » logne pour voir les dispositions faites et à faire » contre les Normands. — Établissement de tours » et de corps-de-garde de distance en distance. — » Charlemagne part satisfait de l'excellent état de » défense dans lequel il laisse la côte boulon- » naise. »

Disons donc : Si, d'après le P. Lequien, « les » Normands venaient assez souvent débarquer *du* » *côté d'Étaples*, » et si, d'après plusieurs géographes, il y avait un petit port *sous Hardelot*, est-il possible que l'œil perçant de Charlemagne n'ait pas reconnu de suite les avantages d'une telle position et qu'il ait laissé à ses successeurs le soin de s'en emparer ?

C'est d'autant moins probable, que ce château, considéré par les historiens comme si remarquable, n'était point encore une barrière assez forte pour les incursions des Normands, et qu'on se crut obligé,

---

(1) Henry, p. 268.

pour la consolider, d'établir autour d'Hardelot une enceinte de châteaux-forts : tels étaient les châteaux de Belle-Fontaine, de Haut-lez-Locques, de la Haye, de la Rivière, d'Hesdigneul, de St.-Étienne, et même du Choquel. (Voir la deuxième partie.)

D'après toutes ces considérations, il serait permis de croire que les ruines que nous voyons sont les restes d'un des nombreux ouvrages élevés par Charlemagne.

CHAPITRE II.

Événements dont Hardelot a été le théâtre. (1)

1.—*Époque antérieure à Philippe Hurepel.*

Nous avons dit que des événements se sont passés à Hardelot avant sa reconstruction par Philippe Hurepel. Voici ceux que les historiens nous ont conservés.

Regnier, comte de Boulogne, enferme à Hardelot les habitants de Marck. (890—916)

Le premier est rapporté par Lambert d'Ardres. Ce chroniqueur, voulant raconter quelques actes du comte Regnier, qui posséda le comté de Boulogne de 890 à 916, dit : « *Mercuritios plectitur, col-* » *lumbaribus onerat, et in Hardrei locum incar-* » *cerat.* Il tourmente les habitants de Marck, les » charge de chaînes et les enferme à Hardelot. » (2)

Il est vrai que plusieurs personnes, frappées de la

(1) Nous prions le lecteur de remarquer que cet ouvrage ne se compose que de documents pour servir à l'histoire du château d'Hardelot. Il voudra donc bien excuser le décousu qui règne dans ce chapitre.

(2) *Chronique de Guines et d'Ardres*, par Lambert d'Ardres ; édit. de M. le Mis de Godefroy-Ménilglaise, 1855, pp. 54 et 55.

grande distance qui sépare Hardelot de Marck (50 kilomètres), et de la consonnance de nom qu'il y a entre *Hardrei locum* et Ardres, qui n'est distant de cette commune que de 8 à 10 kilom., ont cru qu'il fallait traduire *Hardrei locum* par *Ardres*; mais cette opinion ne nous paraît pas devoir tenir devant un examen sérieux, et voici sur quoi nous nous fondons :

1° Des huit manuscrits qu'a consultés M. de Godefroy-Ménilglaïse, traducteur de Lambert d'Ardres, celui de Boulogne seul marque *Hardrei locum* sans *H*; et, à ce propos, l'auteur s'étonne de ces *bévues de noms locaux singulières chez un habitant de la contrée*. Or, Hardelot est bien écrit quelquefois par un *A*, mais Ardres ne l'est jamais par un *H*.

2° Nous verrons tout-à-l'heure que deux chartes ont été écrites, l'une à Hardrelo et l'autre à Ardrelo (dans les deux cas avec un *r*) : *Hardrei locum* ou *Ardrei locum*, n'est-ce pas la traduction de *Hardrelot* ou de *Ardrelot ?*

3° Si Lambert *d'Ardres* avait voulu désigner sa propre ville, il aurait écrit *Ardream*, comme il le fait toujours, et non *Hardrei locum*........ à moins cependant qu'on ne veuille attribuer à l'auteur lui-même une de ces *bévues singulières* que son traducteur reproche à si bon droit aux copistes.

4° Hardelot servait de prison au moyen-âge, ainsi qu'on le verra dans un instant.

5° Les notices sur Ardres que nous avons consultées à ce sujet, ne signalent pas ce fait.

6° Enfin, M. de Godefroy-Ménilglaise, connu pour ses savantes recherches sur l'ouvrage de Lambert, a traduit le mot latin par Hardelot.

Pour tous ces motifs, nous persistons à croire que le fait dont il s'agit s'est passé dans le château qui fait l'objet de nos recherches.

Plusieurs historiens ont conservé une charte écrite à Hardelot. Par cette pièce, Renaud, comte de Boulogne, et Ide, son épouse, font donation à l'église d'Andres du bois de Hodenehout et confirment les autres dons qu'ils lui avaient déjà faits dans le comté de Boulogne.

Première charte faite à Hardelot par Renaud. (1194)

En voici la teneur :

Reinaldus, comes Boloniensis, ejusque uxor Ida, nemus Hodenehoutanum ecclesiæ Andrensi donant anno 1194.

« Ego, Reinaldus, comes Boloniensis, et Ida, uxor mea, comitissa equidem Boloniæ, notum facimus tàm præsentibus quàm futuris, quòd pari voluntate dedimus et concessimus Ecclesiæ S. Salvatoris de Andres, in eleëmosynam, pro salute animarum nostrarum et Antecessorum nostrorum, nemus de *Hodenehout*, ut quidquid juris ibidem habuimus Ecclesia prædicta deinceps quiètè possideat.

» Quæcumque ex largitione Antecessorum fidelium in eleëmosyna data sunt eidem Ecclesiæ de Andres, in comitatu Boloniæ, de jure concedimus et confirmamus in perpetuum possidenda. Ne autem hæc eleëmosyna vel confirmatio possit in posterum ab aliquo perturbari, præsentem chartelam ambobus sigillis nostris fecimus roborari. Hujus rei testes sunt :

Robertus de Tornella,
Willelmus de Calcuilla,
Henricus avunculus Comitissæ,
Willelmus de Disseke,
Stephanus de Brusnebek,
Willelmus de Espellek,
Robertus Domni-Martini et multi alii.

« Actum est hoc anno Domini MCXCIV, apud Ardrelo. » (1)

---

(1) *Auberti Miræi donationes belgicæ*, tom. I, cap. LXXVIII, p. 399. — *Table chronologique* de Bréquigny, tom. IV, p. 178. — Justel, *Histoire générale de la maison d'Auvergne*, pr. p. 66, ex Miræo fragmenta.

Deuxième charte donnée à Hardelot. Renaud et Ide jurent de maintenir la commune de Boulogne. (1203)

Le troisième événement, par ordre chronologique, qui s'est passé à Hardelot, est encore une charte promulguée par le même comte Renaud et la comtesse Ide.

Deux actes aussi importants, rédigés dans ce château, viennent singulièrement à l'appui de cette opinion de du Wicquet (1), que les comtes de Boulogne y firent pendant longtemps leur demeure.

Nous donnons pour la première fois la traduction de cette charte en entier. (2) En voici la teneur :

« Moi, Renaud, comte de Boulogne, et Ide, mon épouse, à tous » présens et à venir faisons savoir que nous avons juré de maintenir » la commune de Boulogne selon les us et coutumes de Tournay, » comme l'ont juré nos prédécesseurs ; de telle manière que, si un » cas se présente que les jurés ne sauraient résoudre, ils devront » aller à Tournay pour s'éclairer ; et, selon les renseignements » qu'ils auront recueillis, ils devront juger le cas susdit et terminer » le différend.

» Tous ceux qui auront juré la commune et qui en auront été pen» dant un jour et une nuit sans callenge seront, de quelque pays et » profession qu'ils soient, francs et quittes, pourvu qu'ils paient à » leurs seigneurs ce qu'ils leur devront pour leurs tenements.

» Tous ceux qui demeureront dans la banlieue de Boulogne, qui » seront de la commune et qui auront une maison à Boulogne, joui» ront de la même franchise. Tous ceux de la commune pourront » demeurer trois mois par an hors la banlieue pour faire leurs » affaires, savoir : les mois de mars, août et septembre.

» On placitera dans la ville de Boulogne pour toutes les conven» tions, de quelque espèce qu'elles soient, qui auront été faites dans » la banlieue envers un juré de la commune.

» Tous ceux qui apporteront à Boulogne des marchandises par » terre ou par mer, soit en paix soit en guerre, et de quelque pays

(1) *Tableau historique du canton de Samer*, par du Wicquet, p. 81.

(2) M. Harbaville, dont nous donnons la traduction pour les 2-7 paragraphes, n'a fait que résumer le premier et le dernier. — M. F. Morand dans l'*Année historique de Boulogne-sur-mer*, vient de publier cette pièce pour la première fois en latin.

» qu'elles soient, seront sous la sauvegarde du comte et de la ville, » et ils seront saufs, tant pour eux que pour leurs marchandises, en » payant les droits accoutumés.

» Tout bailli, sergent ou autre habitant de la ville de Boulogne » ne pourra prendre aucune marchandise ou victuaille que de la vo- » lonté particulière du vendeur, si ce n'est le comte ou la comtesse » qui auront crédit (*credulitatem*) dans la ville pendant un mois » pour leurs vivres, pourvu qu'ils donnent à la fin du mois une cau- » tion suffisante; et ils ne jouiront de cette franchise que pour ce qui » leur sera nécessaire.

» Le comte et la comtesse auront dans la ville deux *appréciateurs*, » qui jureront d'estimer au même prix que si c'était pour eux et que » si l'on payait comptant.

» Si un des jurés de la ville veut entreprendre sur les droits du » comte, son sergent avertira le maicur de lui faire droit, et il sera » tenu de le faire dans le jour; si le maieur s'y refuse, le sergent » du comte pourra le prendre.

» Et, pour que les présentes demeurent à tout jamais entières et » irrévocables, y avons apposé nos sceaux, en présence de Symon, » prieur du Wast, de Daniel de Bétencourt, sénéchal, de Guillaume » et Nicolas, nos clercs, et plusieurs autres (1).—Fait en l'an de l'In- » carnation de Notre-Seigneur mil deux cent trois, à Hardelot. »

Cette charte est un des monuments de l'histoire du pays. Elle prouve, en effet, par sa teneur, que les libertés communales, que Renaud confirmait, étaient de beaucoup antérieures an XIIIe siècle. On remarquera aussi l'étendue de ces franchises, étendue extraordinaire pour cette époque où le système féodal était dans toute sa vigueur.

Renaud menace Eustache le Moine de l'enfermer à Hardelot. (1203)

Eustache le Moine, cet aventurier si populaire, était, en 1203, sénéchal du Boulonnais. Ses manœuvres ayant donné lieu à des plaintes, il fut desservi auprès du comte, qui le menaça de faire juger sa gestion. Eustache répond :

---

(1) Le lecteur remarquera que, parmi ces noms, il en est un dans notre ville qui n'est pas encore éteint.

» Vés me chi tout prest de conter
« Puisque chi m'en avés sermons,
« Devant vos pers et vos barons
« Un des pers sui des Boulonois. »
Et dist li quens : « Vous en venrois
« A Hardelo, à moi couter ;
« Là ne me porés mescouter. »
Dist Wistasces : « C'est trahison,
« Vous me volés mettre en prison. » (1)

II. — De Philippe Hurepel à François Ier.

Restauration du château. (1228-1232) Philippe Hurepel restaure le château. (Voir le chapitre Ier.)

Hardelot ne pourra être compris dans l'estimation de la ville de Calais. (1261) L'importance d'Hardelot était si grande que, dans un traité qui avait pour objet le partage du pays, sa possession fut stipulée immédiatement après celle de Boulogne et de Wissant.

L'extrait suivant fait foi de ce que nous avançons :

« 1261, juin ; à Paris. — Lettres par lesquelles » Arnoul de *Wezemale*, et Alix, comtesse de *Duras*, » sa femme, déclarent que pour terminer les diffi- » cultés qu'il y avait entr'eux d'une part, et noble » homme, monseigneur Guï de Châtillon, comte de » St.-Paul, et Madame Mahaut, comtesse d'Artois, » sa femme, d'autre part...... décident que...... le » reste sera *assis* le plus près de la ville de Calais

(1) Roman d'Eustache le Moine, par Francisque Michel (Paris ; Silvestre, 1834, in-8o). — *Journal des Savants* ; ann. 1835, p. 280.

» qu'on le pourra, excepté les villes de Boulogne, » de Wissent et de Hardelo. » [1]

En 1380, les Anglais vinrent en France dans l'intention d'attaquer Boulogne. De toutes parts on fit des préparatifs de défense, et le gouverneur d'Hardelot, Jehan de Gaurie, suivit le mouvement général. [2]

Préparatifs de défense faits au château. (1380)

III. — De François Ier à Louis XIII.

En 1544, Henri VIII, secondé par Charles V en Champagne, vint attaquer la France par le Boulonnais. François Ier met aussitôt la ville en état de défense et restaure Hardelot. [3]

François Ier restaure le château. (1544 ?)

Malgré ces travaux, le 29 juillet 1544, [4] les Anglais ayant fait sommer par un trompette la forteresse de se rendre, cinquante soldats qui la gardaient se rendirent prisonniers de guerre avec cent paysans qui s'y étaient enfermés à la hâte, parce que, comme dit Dubuisson, « quoique la place fût forte par son » assiette à la tête d'un grand marais, il n'y avoit

Prise du château par les Anglais. (1544)

---

(1) *Inventaire des chartes d'Artois*, par M. de Godefroy, garde des archives, t. Ier, p. 659.

(2) D. Ducrocq, t. II, pp. 737 et 738.

(3) Scotté, t. I, p. 350. — *Notice sur Mont-Hulin*, par M. L. Cousin, p. 7.

(4) Dubuisson, liv. IV, ch. II, p. 723. — Voir aussi Lefebvre, *Histoire de Calais*, liv. XII, ch. XXV, p. 245.

» point dedans assez de vivres et de munitions pour
» y faire une longue résistance. »

Ce manque de vivres est un fait réel, et non une raison qu'a suggérée l'amour-propre national; car le P. Daniel (1) nous affirme que « le maréchal
» du Biez, qui commandoit en Picardie, avoit à
» peine de quoi fournir les garnisons de Boulogne,
» d'Ardres, de Montreuil, de Térouanne et d'Hesdin,
» qui étoient les seules places bien fortifiées sur
» cette frontière. (2) » (Voir Pièces Justificatives, n° 3.)

Conférences tenues à Hardelot entre les Français et les Anglais pour stipuler les bases du traité de paix. (1544)

Il y avait à peine deux mois que les trois princes étaient en guerre, que déjà ils en étaient fatigués. Henri VIII, qui dans ce court espace de temps avait perdu le tiers de son armée, et avait connaissance des recrues que faisait le duc de Vendôme, désirait la paix plus que les autres; mais, « lever le siége
» de Boulogne et celui de Montreuil, aurait été pour
» lui et pour la nation anglaise un trop grand af-
» front. » (3) François Ier, de son côté, savait qu'il avait affaire à deux princes puissants; il n'ignorait pas dans quels embarras l'aurait jeté la prise de Boulogne, et combien de retards pouvaient être apportés

(1) Le P. Daniel, t. IX, p. 563.

(2) La reddition du château par suite du manque de vivres vient jeter un grand jour sur une question que nous nous sommes déjà posée : Hardelot communiquait-il au fort de la Violette par un souterrain ? — Il est évident que si cette communication avait eu lieu, les assiégés n'auraient pas eu à craindre la famine.

(3) Ce sont les propres paroles de Henri VIII à Charles V, lorsque celui-ci lui proposa de joindre ses troupes aux siennes.

dans la marche des secours qu'il attendait du duc de Vendôme. Soit donc que, connaissant l'humeur superbe de son ennemi, il désirât conclure une bonne paix en faisant les premières avances, soit que, pour donner à ces secours le temps d'arriver, il voulût temporiser, il dépêcha à Henri un courrier porteur d'une lettre autographe pour ce prince. Par cette lettre il lui proposait la paix et l'invitait à entrer en conférence à la Chaussée. Il envoya des députés attendre la réponse sur la route de Paris. C'étaient le cardinal-archevêque du Bellay, — le seigneur Claude de l'Aubespine, secrétaire d'état et des commandements et conseiller du roi, — Raymond, premier président de Rouen. Certainement, nul autre n'était plus capable que du Bellay de remplir cette mission : déjà il avait été employé dans diverses circonstances en ambassade, et notamment auprès du roi d'Angleterre et à la cour de Rome. Michel de Castelnau dans ses mémoires dépeint de l'Aupespine comme un homme « très-prudent et de grande expérience. » (1) Une suite nombreuse accompagnait le cardinal : les principaux personnages de cette escorte étaient le maréchal du Biez et Jehan d'Estourmel, maître des cérémonies, trésorier général des finances en Picardie, Champagne et Brie. Mais revenons à Henri VIII.

Quoique l'empereur et le roi d'Angleterre se fussent engagés l'un envers l'autre à ne point traiter séparément avec la France, tous deux cependant se prêtèrent à des pourparlers séparés. Henri ac-

(1) Michel de Castelnau ; t. I, ch. III, p. 157.

cueillit donc ces propositions avec joie ; il se considérait comme sauvé : il usa de dissimulation et répondit à du Bellay qu'il était tout prêt à entrer en négociation, mais que seulement il désirait que les deux princes traitassent séparément avec le roi de France, et que les conférences se tinssent à Hardelot. — « Il fit conduire cette Éminence avec beaucoup » d'honneur à cette forteresse, l'assurant que l'on » traiterait avec Elle avec beaucoup plus de sûreté » dans ce lieu de repos, et qu'Elle ne serait pas ex- » posée aux canonnades de la ville. (1) » Les négociateurs français arrivèrent le 9 septembre à Hardelot, et ils entrèrent aussitôt en conférence avec Edward Seymour, vicomte d'Hartford (2), l'évêque de Winchester, le duc de Suffolk, Sir William Paget, Sir Richard Riche et lord Fitroater, députés du roi d'Angleterre. « Ils avaient pour instructions de » donner les plus grandes assurances de l'amitié de » François pour son frère Henri VIII, de sa re- » connaissance pour les services qu'il avait reçus de » lui anciennement, et de son désir de prendre » tous les arrangements qui pourraient hâter leur » réconciliation. Henri VIII croyait, en effet, que » François était beaucoup plus désireux de faire la » paix avec lui qu'avec l'empereur, et que pour cela » il se prêterait à de grands sacrifices ; c'était le » motif qui lui faisait désirer une négociation séparée.

Prétentions » Aussi avait-il chargé le duc de Suffolk et Paget, son

(1) Dom Ducrocq ; p. 792.

(2) Sismondi nomme le comte d'Oxford au lieu de ce dernier ; mais il est dans l'erreur. (Voir Pièces Justificatives, n° 5.)

» trésorier, de demander, le 10 septembre, aux ambassadeurs français que le roi renonçât à l'alliance de l'Écosse et le laissât disposer de ce royaume comme il l'entendrait ; qu'il payât quatre millions d'écus d'or pour les frais de la guerre ; que, pour gage de cette somme, il lui livrât jusqu'à son entier paiement la ville d'Ardres et le comté de Guînes ; qu'enfin il continuât la pension annuelle de cent mille écus qu'il lui payait avant la guerre. Les négociateurs français, quelque rebutés qu'ils fussent par des propositions aussi dures, s'attachèrent surtout, tant que Charles V menacerait Paris, à ne pas rompre les négociations et à entretenir les espérances de Henri VIII. »

exagérées des Anglais.

Pendant que se tenaient ces conférences, les députés français ignoraient ce qui se passait à Boulogne. En effet, Henri VIII, aussitôt l'arrivée de du Bellay à Hardelot, faisait livrer plusieurs assauts à la ville, et le 14 Boulogne capitulait. Les négociateurs français ne furent informés de cet événement que le 20. « Alors ils annoncèrent à Henri que leur maître ne consentirait à lui laisser ni Boulogne, ni Ardres, ni un pied de terre dans son royaume, non plus qu'à renoncer à l'alliance d'Écosse ; mais qu'il s'offrait à procurer à Henri une bonne paix avec ce royaume, et qu'il consentirait à payer une somme honnête pour des dommages-intérêts, encore que ce fût plutôt à lui, qui avait été attaqué sans provocation, à la demander. En même temps ils le prévinrent qu'il devait accepter la médiation de l'empereur avant que six semaines fussent écoulées ; car, après ce terme, le roi ne serait plus engagé à rien. Après ces sommations, les ambassadeurs se

Ultimatum posé par les Français.

» retirèrent, et la négociation fut rompue, sans » qu'il se fût manifesté entre eux et les Anglais au- » cune animosité. (1) » (Voir les Pièces justificatives nos 4 et 5).

Détention supposée de du Bellay.

Dom Ducrocq(2) fait mention d'une « *détention* du » cardinal du Bellay dans le château d'Hardelot avec » toute sa suite. » Cet auteur s'est, sans doute, servi d'une expression impropre, car ce fait n'est pas relaté par Martin du Bellay.

Le maréchal du Biez, accompagné de Senarpont, remporte sur les Anglais une victoire signalée près d'Hardelot. (1546)

Les environs d'Hardelot ont souvent été le théâtre de combats entre les Français et les Anglais. Dubuisson rapporte ainsi deux de ces engagements :

« Le surlendemain du jour de Pâques 1546, comme » Senarpont se disposoit à retourner au camp de » Montreuil, on vint lui dire qu'un gros de cavale- » rie, sorti de la ville avec quelques compagnies » d'infanterie, se couloit vers le Pont-de-Briques, » et ne doutant que ce ne fût à dessein de l'enlever » au passage, il le fit savoir au maréchal par son » courrier, qu'il lui dépescha le long de la côte. Le

(1) Sismondi ; t. XVII, p. 217.

Auteurs consultés :

Fædera, conventiones, etc., par Thomas Rymer ; t. VI, part. III et IV, p. 119 ; *De obsidione Boloniæ littera Regis ad Reginam*. — Du Bellay ; liv. X, pp. 588 à 591. — Le P. Daniel ; t. IX, pp. 563 et suiv. — Mézeray ; t. II, pp. 1032 et suiv. — Vanel ; t. III, pp. 175 et suiv. — Belleforest ; t. II, liv. VI, pp. 1528 et suiv. — Rapin Thoyras ; t. VI, liv. XV, pp. 486 et suiv. — Ribier ; liv. V, pp. 574 et 576. — Sismondi ; t. XVIII, pp. 217 et suiv. — D. Ducrocq, pp. 794 et suiv. — *Relation du Siège de Boulogne*, mss. bibl. comm.

(2) Dom Ducrocq ; p. 794.

» S[r]. du Biez, charmé de trouver cette occasion de » se signaler de nouveau, voulut aller le dégager » lui-même, se proposant de charger l'ennemi s'il » le rencontroit. Après avoir donc pris avec lui huit » cents lances et fait une marche forcée, il arriva à » une heure après midy à Neufchâtel, où il apprit » que les Anglois s'étoient postés dans les environs » du château d'Hardelot et paraissoient être de sept » cents chevaux de leurs meilleures troupes et de » quatre cents arquebusiers.

» Ce nombre, quoique supérieur, ne l'ébranla pas ; » il renvoïa au S[r]. de Senarpont le même courrier » qu'il en avoit reçu, lui mandant de se faire suivre » des malades qui se trouveroient dans le fort et » venir le joindre dans la plaine d'Hardelot où il » marchoit aux ennemis, afin de paraistre sur leur » queüe au moment où il les attaqueroit de front. » Il traversa ensuite la forest et se présenta à l'autre » bout, où il commença à mettre son monde en » bataille à la vue des ennemis qui, surpris de le » voir là, prirent aussi leur part de terrein et n'omi- » rent rien pour s'assurer de la victoire. Comme ni » les uns ni les autres n'avoient pu traisner de canons » à leur suite, le maréchal n'aïant pas eu le temps » de le faire, et ceux-ci n'aïant pas cru qu'il fût né- » cessaire pour un coup de main contre une poi- » gnée de monde ; dès que le S[r]. du Biez vit parois- » tre son lieutenant sur le derrière de l'ennemi, il » commanda aux arquebusiers de faire leur décharge, » qui fut suivie de celle des ennemis sans perdre un » seul de leurs alignements. Mais ils ne gardèrent » pas longtemps cette constance intrépide : le

» maréchal aïant commandé aux siens de tirer leurs » épées, et Senarpont arrivant par derrière, ils rom- » pirent leurs rangs après un quart d'heure de com- » bat et se débandèrent de tous costés, laissant le » champ de bataille couvert de cent cinquante de » leurs gens, outre soixante-quinze personnes de la » maison du roi d'Angleterre, tous vestus de casaques » de velours chamarées d'or et d'argent. (1) »

Brillante retraite opérée par du Biez sous les murs d'Hardelot. (1549)

« Une autre fois encore, le S^r. du Biez conduisant » lui-mesme un nouveau convoi au fort avec le régi- » ment de Reingrave, celui du S^r. de Taix et sept » enseignes d'Italiens, les Anglois, qui étoient venus » à sa rencontre, chargèrent la cavalerie qu'il con- » duisoit, monté sur un grand cheval, la tête cou- » verte d'un panache blanc pour se faire mieux re- » marquer des siens. Mais après quelque combat, » cette cavalerie fut enfoncée et se mit en déroute. » Du Biez courut alors aux gens de pied et leur dit : — « O mes amis, ce n'est pas avec la cavalerie que » j'espérois gagner la bataille : c'est avec vous ; » — » et aïant mis pied à terre, il prit la pique d'un » soldat à qui il donna son cheval, se fit ôter les » éperons et tourna vers Hardelot. Les ennemis, » après avoir chassé longtemps la cavalerie, revin- » rent sur lui ; mais il parut toujours si ferme qu'ils

---

(1) Dubuisson omet de dire qu'au nombre des morts était lord Richard Carteret, maréchal de Calais.

Sources :

Dubuisson ; liv. IV, ch. III, p. 816. Voir aussi : Belleforest ; t. II, liv. VI, p. 1533. — L. P. Daniel ; liv. IX, p. 600. — Mézeray ; t. II, p. 1037. — Lefebvre ; liv. XII, ch. XXVI, p. 260.

» n'osèrent jamais l'enfoncer, quoiqu'il eût leurs gens » de cheval tantôt devant, tantôt sur le côté, et les » gens de pied sur la queüe ; tellement, qu'après » plus de quatre heures de combat, où il n'avançoit » pas de cinquante pas qu'il ne fît tête à l'ennemi, » il fit, au jugement de Montluc, une des plus » belles retraites qu'on eût vues depuis cent ans. » (1)

Le P. François Dinet (2) dit que le maréchal du Biez, lorsqu'il opéra cette retraite remarquable, avait soixante-dix ans.—Est-ce là l'étoffe d'un traître?

Henri II arrive près d'Hardelot. (1549)

Au dire de Scotté (3), Henri II, escorté de l'élite de la noblesse, arriva le 18 août *au château d'Hardelot.*

Scotté connaissait trop bien l'histoire du pays pour avoir eu l'intention de mentionner un fait aussi démenti par les événements ; il ne pouvait ignorer que, depuis le 29 juillet 1544, Hardelot était au pouvoir des Anglais, et que par conséquent cette forteresse ne pouvait recevoir Henri II. Il est donc à présumer que, par ces mots, il désignait *les alentours* du château.

En effet, le camp, que le roi venait visiter, était, suivant D. Ducrocq (4), entre Neufchâtel et Hardelot et « *tout proche* » de ce dernier lieu.

Or, entre ces deux endroits et non loin de l'ancienne route, se trouve un plateau qui domine tous

---

(1) Dubuisson ; liv. IV, ch. IV, p. 819.

(2) Le P. François Dinet ; liv. III, p. 287 ; Paris, 1640. — Scotté ; t. I, p. 358.

(3) Scotté ; t. I, p. 350.

(4) Dom Ducrocq ; t. II, p. 805.

ceux d'alentour : ce lieu, connu des paysans sous le nom du *Camp Dauphin*, serait-il celui qui servit d'emplacement aux troupes commandées par le fils aîné de François Ier ?

La solution de ce problême nous paraît difficile.

Il se décide à ne pas en faire le siége. (1549)

Quoi qu'il en soit, Henri II, à son arrivée, gagna le mont de St.-Étienne pour examiner les places qu'il devait attaquer, et, observe Dom Ducrocq, « il ne » jugea pas à propos d'aller attaquer le château » d'Hardelot, dont son armée étoit toute proche. »

L'historien devait, en effet, prendre note de cette décision, car il est remarquable que l'endroit dont nous nous occupons est la seule place forte que le roi n'ait pas essayé de reprendre (1). Cette résolution de Henri II est le plus bel éloge qu'on puisse faire de cette forteresse.

Supplice de Vervins (1549)

Le 1er juillet 1549, le malheureux Vervins subit à Hardelot sa condamnation.

Jehan Carion, chronologiste du temps, raconte ainsi son supplice : « *Cadaver in quatuor frusta* » *dissectum, frusta et caput in quinque locis,* » *Boloniæ vicinis, munitis, editioribusque palis* » *suffixa.* — Son corps, coupé en quatre, fut ex» posé ainsi que sa tête sur autant de poteaux dans » les places fortes les plus voisines de Boulogne. » Ces places furent les forts d'Hardelot, de Villeneuve-Montplaisir, de Mont-Hulin, de St.-Étienne et de Montreuil.

---

(1) Mézeray ; t. II, p. 1063. — Daniel ; t. IX, p. 653.

Le maréchal du Biez — qui deux fois sous les murs d'Hardelot avait déployé la plus grande valeur, une valeur qu'admire le maréchal Montluc — était condamné au même supplice (1).

Ainsi le lieu où le guerrier s'était couvert de gloire allait devenir le théâtre de son ignominie !....

Heureusement des lettres de grâce lui furent accordées, et plus tard sa mémoire fut réhabilitée, ainsi que celle de son gendre.

Les liguenrs s'emparent du château.

La Ligue comptait dans le Boulonnais de nombreux partisans. Renfermés dans leurs châteaux, ceux-ci bravaient les approches des troupes royales et portaient partout la dévastation. Le roi, inquiet de leurs forces toujours croissantes, chargea Crillon de les poursuivre dans leurs retraites ; mais tous les succès qu'obtint le brave capitaine se bornèrent à la prise de quelques châteaux de peu de valeur : les autres, plus importants par leur force et par leur position, résistaient à ses attaques et empêchaient les approches de plus grandes forces.

« L'un de ces forts et le plus considérable, dit un » historien (2), étoit celui d'Hardelot, appartenant » au roi, éloigné seulement de deux lieues de la » ville et situé au pied d'une forêt du même nom, » contre les dunes. Jehan de Roussel, Sr. de la Cau- » cherie, qui en étoit gouverneur, étoit décédé au » commencement de l'année. Son frère [qui étoit

(1) *Johannis Carionis chronologia.* — Dubuisson ; liv. IV, ch. V, p. 828.

(2) *Journal historique du siége de Boulogne par la Ligue* ; mss. bibl. comm., p. 32. = Voir aussi : Dubuisson ; liv. IV, ch. VIII, p. 924.

» du parti de la Ligue] (1), s'en étoit rendu maître et » faisoit continuellement des courses dans le païs » avec une bande de mutins qui ressembloient bien » plus à des voleurs qu'à de vrais soldats, par les » cruautés qu'ils exerçoient dans tous les lieux de » leur passage ; aussi le Sr. du Bernet détachoit-il » souvent contre eux des parties de sa garnison qui » en détruisirent bon nombre, et en ramenèrent plu- » sieurs, que l'on traita comme des voleurs de grands » chemins. »

Claude-Oudard de Roussel, seigneur de Bédouâtre, rentra enfin dans le devoir en 1589, et ramena avec lui 100 à 120 hommes. Cet exemple et la possibilité de renforcer les armées du roi rallia à la cause royale une grande partie des rebelles, et chaque jour un pont-levis s'abaissait devant l'étendart fleurdelisé.

Aussi, le duc d'Épernon, satisfait de la conduite de Roussel, à son arrivée à Boulogne, l'institua-t-il gouverneur dans la forteresse d'Hardelot (2).

Michel Patras de Campaigno détruit le château.

Hardelot, avons-nous dit (p. 15), fut démoli en 1215 par ordre de Philippe-Auguste, à cause de la crainte que lui inspiraient ses grands vassaux. Le même

---

(1) L'ouvrage manuscrit auquel nous empruntons ces quelques lignes se trouve en double à la bibliothèque de Boulogne. Nous avons pu consulter ces deux pièces et nous convaincre que dans l'une d'elles ne se trouvent pas certains membres de phrase qui existent dans l'autre : les quelques mots renfermés entre crochets en sont un exemple.

(2) *Journal historique* ; pp. 32 (*note* a), 121 et 130. — Voir aussi : *Les Huguenots et la Ligue*, par M. F. Lefebvre ; pp. 117 et 118.

motif le fit démolir une seconde fois par Louis XIII.

L'auteur des *Mémoires historiques de l'an* 1658 s'exprime ainsi à ce sujet (p. 73) :

« Cette forteresse a esté desmolie en quelques
» bastions par l'ordre du Sr. de Campaigno, lors
» lieutenant du Sr. d'Espernon, cy-devant gouver-
» neur dudit païs de Boullenois, lorsque l'on a eu
» crainte d'une nouvelle ligue des princes au tems du
» feu roy Louis-le-Juste, d'heureuse mémoire. »

Des restes de bois calciné, trouvés dans la cour du château par Sir John Hare, laissent à présumer que cette destruction a eu lieu par le feu.

CHAPITRE III.

Du Gouvernement et des Gouverneurs d'Hardelot.

Le comté de Boulogne était, dans le principe, divisé en trois capitaineries : Boulogne, Hardelot et Étaples. Sous Henri II, en 1550, il en fut formé une quatrième, celle du Mont-Hulin.

Quelques années après, ces capitaineries furent érigées en gouvernements.

Plus tard encore, sous Louis XIII, on craignit que l'étendue des pouvoirs accordés aux gouverneurs ne fût nuisible à la cause royale en temps de trouble, comme déjà elle l'avait été sous la Ligue, en 1587 : le gouverneur de Boulogne concentra dès lors toute l'autorité entre ses mains, et prit le titre de gouverneur général du Boulonnais. (1)

A la date où de Bazinghen écrivait (24 oct. 1775),

---

(1) *Notice sur le Mont-Hulin*, par L. Cousin, pp. 9, 21, 22 et 23.

M. L. Cousin ajoute que Hardelot, Mont-Hulin et Étaples n'eurent plus dès-lors que de simples *commandants* qui dépendaient du gouverneur-général ; mais cette assertion nous paraît erronée ; car dans les actes, le titre de *gouverneur* est fréquemment employé. Du reste, le mot de gouverneur-général emporte l'idée de gouverneurs subalternes.

il y avait encore un gouverneur dans la forteresse en ruines; mais sa résidence n'y était pas fixée. (1)

Voici la liste des gouverneurs par ordre chronologique :

1380. Jehan de la Gaurie ou Gavre, châtelain. (2)

1405. Jehan de Courteville, id.

4 Octobre 1462. Jehan, bastard de Renty, chevalier, châtelain.

23 Novembre 1466. Jehan de Bournonville, chevalier, seigneur de Hourecq, châtelain.

Jehan de Bournonville, dit *le Vel*, fils et successeur du précédent.

Jehan de Bournonville, dit *des Prés*, chevalier, sieur de Capres, baron de Houllefort, grand veneur du Boulonnais et grand louvetier d'Artois, mort en 1515, frère et successeur du précédent.

1515. Pierre d'Isques, chevalier, sieur dudit lieu, lieutenant et successeur du précédent.

29 Juillet 1544. Antoine de.......... (3)

16 Décembre 1550. Pierre de Salcède.

1580. Jehan de Roussel, écuyer, sieur de la Caucherie et de Cormont, gouverneur. — *Il avait épousé Jehanne d'Isques et il mourut en* 1587.

1585. Jehan de Gaigny, en 1585, fut nommé *portier* du château.

---

(1) Abot de Bazinghen, manus. cité.

(2) Dom Ducrocq ; t. II, p. 738.— Il est à noter qu'à la table ce gouverneur est nommé Gaverie.

(3) *Fœdera, conventiones,* par Thomas Rymer. — Le nom de famille a été laissé en blanc par cet historien.

Guy d'Isques, sieur du Manoir, gouverneur. 1587.

Jehan de Roussel, Sr. de la Caucherie. (1)

Claude-Oudard de Roussel, sieur de Bédouastre, gouverneur. (2) 1589.

Le Sr. de Montcavrel, capitaine. 1605.

Le Sr. Henry-Marc de Gouffier, marquis de Bonnivet, capitaine. 1611.

Flour de Poucques, écuyer gouverneur. 15 Décembre 1632.

Barthélemy du Blaisel, écuyer, sieur de St-Aubin et de Florincthun, cornette de la Cie de chevau-légers du marquis d'Aumont, gouverneur. — *Il avait épousé Suzanne de Poucques, le 2 juillet* 1638. (3) 20 Février 1639.

Antoine-Joseph du Blaisel de la Neuville, gouverneur. (4) 25 Juillet 1762.

Du Blaisel de Sédan. (5)

Nous devons ajouter à cette liste les passages suivants :

Scotté de Velinghen écrivait le 16 janvier 1720 :

« Le chasteau d'Hardelot, dont les appointements
» du gouverneur appartiennent héréditairement aux
» du Blaisel, est détruit. » (6)

Et du Wicquet a dit en 1830 :

« Les ducs d'Aumont, sous l'ancien régime,
» étaient gouverneurs du château d'Hardelot : c'était

---

(1) *Journal historique de la ligue*; p. 32.

(2) id. p. 130

(3) *Nobiliaire de Picardie*, de Bignon; p. 1697.

(4) Henry; p. 324.

(5) *Armorial de Picardie*, par Scotté; DU BLAISEL.

(6) Scotté de Velinghen; p. 105.

» pour eux une petite sinécure qui leur valait annuel-
» lement quelques mille francs. » [1]

De ces deux textes mis en regard, il faut conclure que si l'une et l'autre assertion sont vraies, le poste héréditaire qui se trouvait primitivement dans la maison des du Blaisel passa par la suite dans celle des ducs d'Aumont.

(1) Du Wicquet ; p. 81.

DEUXIÈME PARTIE.

CHATEAUX

VOISINS D'HARDELOT.

I — LE CHOQUEL.

A quelques pas d'Hardelot se trouve le hameau du Choquel. Cet endroit, assez important il y a quelques siècles, jouissait de certains priviléges et était défendu par un château du même nom.

Dans l'ordre judiciaire, le Choquel occupait un certain rang, puisqu'il était chef-lieu d'un des huit baillages royaux existant en Boulonnais. Bignon a laissé ces quelques lignes sur ce sujet : (1)

« *Baillages prevostaux d'Étaples, du Choquel* » *et de Bellefontaine :*

» N'ont qu'un seul juge qui a pareillement réuni

---

(1) *Mémoires de la généralité de Picardie*, de Bignon, copie manusc. bibl. comm., p. 187. Nous croyons que la copie que nous avons consultée n'est pas, quant à ce passage, conforme à l'original. Voir encore sur ce sujet : Bertrand ; t. I, p. 50.

» l'office de garde-scel; celuy de vérificateur des » défauts a esté levé par le substitut; la charge d'en- » questeur est aux parties casuelles, le procureur » du Roy de Boulogne. C'est de ces juridictions qui » relèvent à la sénéchaussée de Boulogne. »

Ces baillages furent, paraît-il, créés en 1071 (1). Un édit du roi supprima les deux derniers en juin 1745 (2), pour les réunir à la sénéchaussée de Boulogne.

Mais ce qui vient démontrer l'importance de cet endroit, c'est la contribution dont il fut frappé en 1585. M. Morand, dans les *Annales boulonnaises* (3), parle en ces termes de cette imposition :

« 20 février 1585. — La ville de Boulogne, y compris Étaples, Wissant, Desurènes, le Choquel et » Belle-Fontaine, est taxée à la somme de 300 livres » pour la part de ces localités dans la levée de 6000 » écus ordonnée par Henri III sur la province de Picardie, par contribution à la solde de 50,000 fantassins.

En ce qui concerne le château, nous ne connaissons qu'un édit royal de Charles V, rendu en 1369 et conférant à Hugues de Châtillon, gouverneur d'Abbeville, le commandement supérieur sur les forteresses du Boulonnais, parmi lesquelles était celle du *Choquet, proche Hardelot.* (4)

---

(1) Henry; p. 276.
(2) *Année historique*; par F. Morand, p. 128.
(3) *Éphémérides*; par F. Morand; février; f° XIII.
(4) Dom Ducrocq; p. 715.

Qu'est devenu ce château, que Dom Ducrocq distingue des autres?

Hélas! la même cause qui détruisit Wissant et Ambleteuse, ces cités si florissantes du littoral, ensevelit aussi le Choquel et son château. C'est, du moins, ce qu'un homme digne de foi nous a dit tenir d'un vieillard de Condette, mort il y a une vingtaine d'années.

II. — BELLE-FONTAINE.

Au pied du S^t^.-Frieux se trouve une fontaine dont les eaux, remarquables par leur limpidité, vont se rendre à la mer sous le nom de *rieu de Bronne* (ruisseau de la fontaine). Cette belle source donna son nom à une localité voisine, le village de Belle-Fontaine.

Nous savons peu de choses de cet endroit, dont il ne reste plus aucun vestige : son nom même a disparu. Et cependant, son histoire mériterait d'être racontée.

La fondation de Belle-Fontaine n'est pas, croyons-nous, de date très-ancienne ; car, s'il en était autrement, il se serait appelé Bellebrone et en aurait conservé le nom, comme son homonyme du canton de Desvres. (1)

(1) Henry, en parlant de cette dernière localité, fait cette réflexion : « *Bellebrone*, belle fontaine ; de *Bel*, beau, et *Bron*, fon-

Cette paroisse, au dire de Luto (1), se composait de plus de deux cents feux et possédait une église dédiée à Saint Martin.

Nous avons vu, en parlant du Choquel, que Belle-Fontaine possédait un bailli, et que ce village fut imposé, avec cinq autres localités, pour contribuer à la solde de 50,000 fantassins que le roi levait par tout le royaume.

Il existait à Belle-Fontaine un château du même nom, qui était la propriété des comtes de Boulogne. D'après un dire populaire, il aurait aussi appartenu, et tour à tour, aux Templiers jusqu'à la dissolution de leur ordre, aux Lazaristes et à l'hospice de Boulogne, par donation de ces derniers. Nous n'avons, il est vrai, aucune preuve qui puisse confirmer ce que nous rapportons.

Il résulte de tout cela que Belle-Fontaine a eu une importance qu'on ne saurait méconnaître.

Mais, peut-être, devant cette ruine d'un centre si considérable, s'est-il glissé dans l'esprit du lecteur un doute sur l'emplacement de cette localité. Le texte de Luto est précis à cet égard : « Belle-Fontaine, dit-
» il, étoit un château peu éloigné de celui d'Hardelot,
» tirant vers Dannes, situé au bas de la montagne des
» garennes de Neufchâtel dites le Mont St.-Férieux,

---

taine. Maintenant on écrit Bellebrune chez les gens polis, parce qu'on ignore la signification du nom primitif. Les habitants des campagnes et les gens du peuple se servent encore de l'ancienne dénomination. » (P. 116)

(1) Luto ; mss. bibl. comm., p. 18.

» dans un village que les sables ont englouti à cause
» du voisinage de la mer. » [1]

Maintement, quelle habitation, quelle ruine peut indiquer où était cet amas de deux cents maisons ?

Il est, entre le ruisseau de Bronne et Dannes, un lieu vulgairement appelé *les Arliques* (les Reliques). Là, sous un sol sablonneux, on trouve des tombeaux, et dans ces tombeaux des objets précieux que les paysannes conservent comme des reliques : — c'est là le champ de Belle-Fontaine. [2]

HAUT-LEZ-LOCKES ET DAMMARTIN.

L'histoire est encore plus laconique sur Haut-lez-Lockes et sur Dammartin que sur les villages dont nous venons de nous occuper. Tout ce que nous en savons se renferme dans ces quelques lignes de Luto : [3]

« Il y avoit aux environs (de Belle-Fontaine) un
» aultre chasteau qu'on nommoit HAUT-LEZ-LOCKES,
» qui est aussi abismé par les sables, et tout proche,
» tirant vers Neufchâtel, un aultre village ou ha-
» meau nommé DAMMARTIN. »

---

(1) Luto ; p. 18.

(2) Bertrand a consacré quelques lignes à ces sépultures : nous renvoyons le lecteur à son ouvrage (t. II, pp. 45 et 46).

(3) Luto ; p. 18.

Ainsi, les châteaux du Choquel, de Belle-Fontaine, de Haut-lez-Lockes, les villages de Belle-Fontaine et de Dammartin, tout cela a disparu sous les sables! Est-il probable que le fléau destructeur se fût arrêté là, si on n'eût cherché à lui créer un obstacle? Certainement non; tout fait croire, au contraire, que quelque jour on eût cherché les traces de Dannes et de Neufchâtel, comme aujourd'hui on se demande où étaient Belle-Fontaine et Dammartin. Honneur donc à l'homme courageux qui, le premier dans l'arrondissement, entreprit de fixer les sables par des plantations durables! Tout le monde sait, dans notre localité, et un grand nombre d'écrits contemporains (1), ainsi que des médailles, pourraient le certifier au besoin, que c'est à M. Le Roy-Berger, ancien imprimeur à Boulogne, qu'appartient cette gloire. Il est doux au petit-fils de ce digne citoyen d'avoir à la revendiquer pour lui.

---

(1) *Description géognostique du bassin du Bas-Boulonnais*, par Rozet. Paris, 1828. — *Précis de l'Histoire de Boulogne*, par Bertrand; t. II, p. 47, 1829 — *Compte rendu des travaux de la Société royale et centrale d'Agriculture, depuis le 18 mars 1842 jusqu'au 23 avril 1843, par M. O. Leclerc-Thouin, secrétaire perpétuel.*

TROISIÈME PARTIE.

LÉGENDE DU St.-FRIEUX.

A environ quatre kilomètres d'Hardelot, au milieu des dunes de Neufchâtel, est une montagne très-élevée, qui domine toutes celles d'alentour, et du haut de laquelle l'œil embrasse la mer sur une immense étendue, les côtes d'Angleterre, deux forêts, un grand nombre de villages, la chaîne crayeuse qui entoure le Boulonnais, et de plus, un océan de sables : lieu désert s'il en fut jamais, pittoresque au-delà de toute expression, et par conséquent plus propre que tout autre à la vie contemplative. Une légende très-intéressante se rattache à cette localité. M. Harbaville en a dit quelques mots dans son *Mémorial historique* ; mais lui-même, ainsi qu'il en convient, a puisé son récit dans Malbrancq. Nous devons donc répéter ce que l'historien des Morins a écrit sur ce sujet :

« L'histoire de Bretagne nous apprend que Judoc fut bientôt rejoint dans ces lieux par son frère, qui menait comme lui une vie d'anachorète, et qui s'appelait Férioc. Ce saint homme, dont le nom français est *St.Férieu*, est encore honoré sur le haut d'une montagne qui porte son nom, entre Boulogne et Montreuil. Comme un jour je visitais les lieux illustrés par sa piété, une femme du pays m'apprit que sur le sommet de cette montagne avait vécu autrefois un célèbre anachorète, qui passait sa vie dans l'exercice de toutes les vertus, de même que son frère, établi aussi sur un terrain élevé, à l'embouchure de la Canche (1). De ces hauteurs, d'où ils se voyaient, tous deux s'invitaient par des signes à se rendre dignes de la demeure céleste. La réputation de la sainteté de saint Férioc s'était étendue bien loin, lorsqu'un jour des brigands envahirent son ermitage, placé sur le point le plus élevé de la montagne, et lui coupèrent la tête. Prenant aussitôt la fuite, ils enlevèrent son corps, et portèrent sa tête au pied du mont, où sa sœur menait également une vie retirée et austère, auprès d'une source d'eau limpide, que l'on voit encore aujourd'hui. Touchée de la fin misérable de son frère, et plus encore saisie de respect pour le nouveau martyr, cette pieuse femme recueillit ses restes, et les fit inhumer aussi décemment que possible.

» Je n'ai trouvé nulle part de traces écrites de cette légende ; mais je désirerais beaucoup que les Boulonnais fissent des recherches à ce sujet : il se pourrait que la tradition eût laissé dans la mémoire des gens du pays des faits plus détaillés. Ce qu'il y a de certain, c'est que depuis un temps immémorial jusqu'à nos jours, la tradition a conservé le souvenir d'un anachorète qui avait établi sa demeure sur le sommet de cette montagne, et que les marins surpris par la

(1) Judoc est honoré sous le nom de saint Josse.

tempête invoquent encore saint Frieux comme leur plus puissant protecteur. » (Voir Pièces Justificatives, n° 6.)

Le vœu de Malbrancq n'a pas été exaucé : personne, que nous sachions, n'a eu la curiosité de recueillir ce qui avait trait au pieux anachorète. Mais ce qui est certain, c'est que la tradition a gardé précieusement le souvenir de ce saint homme. L'étranger, curieux de voir le pays, apprendra du moindre pâtre, que sur le mont de St.-Frieux existait autrefois un ermitage ; que saint Frieux avait deux frères, ermites comme lui, et que les trois saints, établis chacun sur le haut d'une montagne, d'où ils se voyaient, se faisaient mutuellement des signaux. (1)

Ce qu'il y a de certain encore, c'est que sur l'emplacement même où était autrefois l'ermitage, fut bâtie, à une époque qu'il est difficile de préciser, une chapelle. Une ordonnance du roi Charles IX, datée du 11 octobre 1566, a nommé pour desservir cette chapelle le sieur Nicole François. (Voir Pièces Justificatives, n° 7.)

Ce que nous pouvons encore affirmer, c'est qu'une femme de Neufchâtel, très-âgée, nous a dit tenir de son père que celui-ci, dans sa jeunesse, avait été plusieurs fois entendre la messe dans cette chapelle.

---

(1) Malbrancq dit à la table analytique de son 1er volume que saint Frieux avait un troisième frère nommé Winnoc. Les habitants de Neufchâtel n'ayant pu découvrir cette particularité dans l'auteur, on ne peut expliquer cette contradiction entre la tradition actuelle et le récit fait à Malbrancq, qu'en disant que la paysanne qui a parlé à ce dernier a oublié quelque chose.

Nous dirons de plus qu'il y a quatre ans à peine, le propriétaire du terrain, voulant savoir à quoi s'en tenir sur le récit de Malbrancq et sur la tradition, fit faire des fouilles sur le point le plus élevé de la montagne (*in vertice montis*, comme dit l'historien), et que là, après quelques pelletées de terre, la pioche mit à jour les fondations d'un ancien édifice.

C'est donc là qu'étaient la chapelle et l'ermitage (1).

Ce n'est pas tout cependant. Lorsqu'on fit des travaux à la source du ruisseau de Bronne, il y a quelques années, on trouva sous le sable des tuiles qui, par leur épaisseur, paraissaient appartenir à une époque reculée. Ces tuiles ont-elles recouvert l'ermitage de la sœur de saint Frieux?

Enfin, pour compléter ce récit, nous dirons que sur le plateau qui couronne le mont, à très-peu de distance de l'endroit où était la demeure du saint, il est une source encore en grande vénération parmi les habitants du pays. On croit généralement qu'elle a la propriété de guérir de certaines fièvres ; du moins, beaucoup de malades sont-ils venus de loin lui demander le remède à leurs maux. Plusieurs fois les enfants qui y conduisent les vaches du village ont trouvé sur ses bords de petites pièces de monnaie.

En terminant ce simple exposé, nous devons fixer l'époque à laquelle vivait cet anachorète vénéré.

---

(1) A ceux qui pourraient croire que ces fondations sont celles du télégraphe qui a été construit sous Napoléon Ier, nous répondrons que le télégraphe était beaucoup plus bas : on en distingue encore très-bien l'emplacement.

D'après le *Légendaire de la Morinie*, saint Josse vivait à la fin du septième siècle. Le fait que nous venons de raconter s'est donc conservé dans la mémoire des gens du pays, sans autre guide que la tradition, pendant près de douze cents ans.

PIÈCES JUSTIFICATIVES.

I.

Extrait d'un acte concernant la chapelle du chateau d'Hardelot.

Un acte enregistré, sous la date du 13 décembre 1581, porte que « les messes et services ont esté tousjours célébrées au » chasteau de Hardelot *depuis la réduction de Boullongne en* » *l'obéissance du Roy* ».

(Arch. de la Sénéchaussée du Boulonnais ; registre du Roy, coté IV, f°. 51.)

II.

Pièce concernant le marais et les alentours d'Hardelot.

Ce jourd' hui, vingt-troisième jour de juin l'an mil cinq cent soixante-sept, sont comparus par devant nous Jehan de Neufville, seigneur de Hautson, conseiller du roy, notre sire et trésorier de France en sa charge . . . . et hormis Picardie, Champaigne, et comte d'Auxerre, et Me Pierre Laisné, aussy conseiller dudit seigneur et commissaire député pour procéder à bailler à cens et deniers, d'entremodier les terres vuides, vaines et vagues, prez, marets et pastis audit sieur appartenant. Les manans et habitans de Condetté, Hardelot et de Choquel, adjournés pardevant nous pour exhiber, communiquer les lettres, titres et enseignemens en vertu desquels ils tiennent, jouissent et occupent certaine quantité de prez et commune asscavoir audit Condette près le chasteau de Hardelot. Lesquels ont dit et remontré qu'ils jouissent de leurs dites communes par don à eux fait par les comtes de Boulogne à la charge de faire certaines corvées par chacun an pour lechariage des foings du roy et aussy que à cause d'ycelles ils sont tenus de faire le guet le long des digues et rivages de la mer à costé dudict chasteau de Hardellot, ce qu'ils font, et quant à leurs titres, ont dit qu'ils les ont perdus et ont esté bruslés en l'an quinze cent quarante-quatre, quand les Anglois entrèrent dans le païs de Boulonnois, et davantage : que desdites communes dépend la vie d'eux et de leurs enfans qui sont en nombre ; qu'ils n'ont moïen de vivre sans ycelles. Après avoir ouï les gens du roy — qui nous ont dit et certifié lesdits manans et habitans avoir jouy de ladite commune de toute leur cognoissance et qu'ils font lesdites corvées et guet vers ledit chasteau de Hardelot et principalement en tems de guerre — nous avons ordonné et ordonnons que lesdits manans et habitans de Condette jouiront desdites prairies et communes auxdites charges et ainsi qu'ils ont fait par cy devant. Fait à Boulogne les jour et an que dessus. (Archives de Condette.)

III.

Prise du château d'Hardelot.

(Récit de Rymer.)

Tuesday (*the twenty ninth of July*) Sir *Thomas Poynyngs* repayred to the *Kings* (1) *Majestie* from *Monstreull*; and at his Retourn passed the Castell of *Hardeloe*, the which was Ren-

(1) Nous avons suivi dans les pièces justificatives III, IV, et V l'orthographe de Rymer : le lecteur voudra donc bien ne pas nous imputer les fautes qui s'y trouvent.

dryd unto him bothe Men and Goodes at the Summonition of a Trumpet; in which Castell was *Fyftie Soldyors* and a *Hundred Pesants*, whiche were all taken Prysoners, ond (*sic*) there Captaine named *Anthonie de* was brought to my *Lorde of Suffolke* the same Daye; who retourned againe the same Night to the said Castell with *Sir Nicholas Poins* and sertaine other Men of Armes : and *Mr. Peter Carew* with *Fiftie Men* was appointed Captaine of the same.

(*Fœdera*, par Rymer; t. VI, part. III et IV, p. 120.)

IV.

Lettre de Henri VIII à Catharine Parr sur les conférences d'Hardelot.

Moost derely and moost entierly biloved Wief, we recommende us hartely unto you . . . .

Further, the *Frenche King* is very desyrous of a Peax, and maketh much Sute unto Us for the sam, insomuche as he hath sent unto Us a Letter of his oun Hand, desiring by the same a Save Conduct for certain Notable Personages to repaire unto Us from Him in Ambassade (That is to say) the *Cardinal of Bellaye*, the *Primier President of Roan*, the *Primier Threasorer of all the Finances of Fraunce*, the *Capitayne of the Gard to the Dolphin*, beinge a Gentilman of his Privie Chambre, and one of his *Principall Secretaries*, who be come hitherward on their Waye to Abbeville, attending for our Saufe Conduyt whiche We have sent to them, and have appointed our Castle of Hardelowe, whereof yowe have been advertised heretofore, for them to repayre unto, and Fifty Horses in their Company, Twenty to be lodged within our said Castle, and the rest abrode in other Places at our appointement :

And for bycause the said *Frenche Kinge* hath promysed to use Our Advise for the makinge of his Appointement with the *Emperor* . . . .

Written with the Hand off your loving Howsbande.

HENRY R.

(Rymer; t. VI, part. III et IV, p. 119.)

V.

Récit de Rymer sur le même sujet.

Tuesday (*the ninth of Septembre*)
The *Erle of Harforde*,
The *Bysshope of Winchester*,
Sir *William Paget*,
And Sir *Richard Riche* with two Companyes of Horsemen,
My *Lorde Fitwater*,
And sertain other Gentlemen,
Went to *Hardloe Castell* to the *French Kings* Ambassadeurs, being there arrived the same day; whose Names here follow,

Furst *Jehan de Bellay*, Cardynall and Bysshope of Parys,

Pierre Remon, Chief President of Roven and Counsailler to the Kinge in his Prevy Counceill,

Claude de Laubespine, Secretaires des Commandements du Roy,

And *Jehan Destrumell*, Knyght Generall des Fynances du Roy,

These, with sertain other Gentilmen, and other to the Nombre of *Fifty Hors*, and after sertaine gretinge betwene these Lords, they went to supper, and then to Counseill, and after tooke leve eche of others for that Night :

The next day after (being Wensday) *the tenth of Septembre*, my *Lorde of Suffolk* and Sir *Anthony Browne*, with a great Company of Lords, Knights and Gentilmen, and Men of Armes, in gorgens Appareill went towards *Harloe* to the said Ambassadeurs; and anon, after their Arryvall, they went to Dinner, and then to Counceill; and, after Counseill, my *Lorde of Suffolk* and Sir *Anthony Broune*, with all their Company aforesayd, retourned to *Boulloigne* . . . .

There came the same night unto the *Kings Campe* from *Hardeloe* the *French Kings* Ambassadeurs aforenamed. . . . . .

(Rymer ; t. VI, part. III et IV ; p. 121.)

VI.

Vie de saint Frieux rapportée par Malbrancq.

Historia Armorica tradit Judoco hisce in partibus se junxisse fratrem, qui pariter anachoritam vitam degerit : quem existimem Feriocum fuisse, seu Gallicè *S. Férieu* qui etiamnum colitur in monte ejus nomini dicato, Bononiam inter et Monstrolium. Siquidem cum ista loca piis suis notis illustria adirem, responsum mihi ab indigena in vertice illo degisse olim anachoretam insignem, qui in virtutum exercitamentis cum fratre suo Judoco certaret ad Quantiæ fluminis sublimiorem extremamque ripam divinis commentationibus operam dante : unde quandoque sese eminus conspicantes, mutuis nutibus ad empyreas illas sedes concitabant. Narrabatur etiam qua ratione Feriocus, ubi diutius illic sanctimoniam suam longè latèque pæne omnibus probasset, quorundam malevolorum sudem in oculis fuisse, qui in conspicuum illud tuguriolum irruerint, caputque Divo præciderint, præcipiti fugâ sibi consulentes : tùm etiam truncum assurexisse corpus, assumptumque verticem ad montis pedem ocius detulisse, ubi ejus soror pariter eremiticum agebat domicilium, sese limpido illìc fonte, qui etiamnum visitur, reficiens. Quæ non tàm fraternam necem miserata, quàm martyrem devenerans, tumulo, quàm potuit, decentiore donavit. Rem illam, quoniàm hactenùs scriptis monumentis haud testatam comperio, velim accurare Bononienses : siquidem forsan rusticorum illorum quidpiàm traditione majus sint reperturi : saltem certum est omni memoriâ ad hocce sæculum in illo jugo sedem habuisse anachoretam, et solitos nautas, quoties ingrueret tempestas, S. Ferioci opem tanquàm præsentissimam inclamare.

(Malbrancq, *de Morinis* ; t. IV, pp. 430 et 431.)

VII.

Lettre de Charles IX, en date du 11 octobre 1566, portant nomination d'un chapelain pour la chapelle de St.-Frieux.

« Estant advenue vacance de la chapelle ou chapellenye de

» l'Hermitage de St. Ferieulx, fondée au chasteau de Bellefon-
» taine de Hardelot, par le décès de Me NOEL BRUNET,
» dernier possesseur d'icelle, dont collation de plain droit
» nous appartient ;

» Nous, pour le bon rapport que faict nous a esté des bon-
» nes mœurs, honnesteté de vye de la personne de Me NICOLE
» FRANÇOIS, prestre, icelle chappelle ou chappellenye; pour
» ces causes, luy avons donnée et conférée, pour l'avoir, tenir
» et en jouir doresnavant. (1) »

(Archives de la Sénéchaussée du Boulonnais, registre du Roy, coté III, f°. 225.)

---

(1) Me Nicole François est décédé à la fin de 1581, encore en possession de cette chapelle.

Nous devons à l'obligeance de M L. Bénard les pièces justificatives I et VII et les noms des gouverneurs d'Hardelot dont la source n'a pas été indiquée : nous le prions de vouloir bien en agréer nos remerciments.

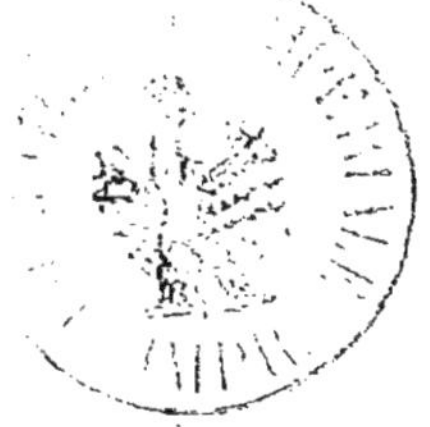

ERRATUM.

Page 28, lig. 16. —Au lieu de lord *Fitroater*, lisez lord *Fitwater*.

www.ingramcontent.com/pod-product-compliance
Ingram Content Group UK Ltd.
Pitfield, Milton Keynes, MK11 3LW, UK
UKHW020347250726
13967UKWH00005B/2157

9 782013 037570